A Lydia, por haberme ayudado a renacer una vez más.

COMADRONA DE GUARDIA
ASISTIR EL PARTO DE UNA CRÓNICA

Ana Castillo Martínez

HISTORIAS DONDE VIVO

Primera edición: julio 2020

© 2020, Ana Castillo Martínez (texto, ilustraciones, ilustración de cubierta)
Producción técnica: Ana Castillo Martínez

Instagram: @anacastillo.escritora
Correo electrónico: puntodeletras@gmail.com

Impreso y distribuido por Amazon mediante el sistema KDP, bajo la modalidad de
impresión bajo demanda.

ÍNDICE

Prólogo 9
Introducción 11

Iniciación a la crónica 13
Qué es una crónica 13
La elección del tema 14
La investigación................................... 14
Redacción y estilo 15
Crónica sobre una noche de guardia 15

Del primer borrador al texto final 19
Cómo se gestó esta crónica..................... 19
¿Por qué debo contar esta historia?................. 20
Cómo la voy a contar 20
Fuentes de información y triangulación 21
Coordenadas y cronograma de la acción 21
Análisis de los personajes...................... 22
Estructura clásica............................... 22
Composición de escenas 24
Diez claves para pulir el estilo 25

Comadrona de guardia............................. 31
Bienvenida a la rutina 32
Presentación de los compañeros 37

Lydia, la comadrona 39

Los paritorios 47

El parto en el agua 57

El parto en casa 59

La chica de urgencias 60

Decrecimiento de la tasa de natalidad 63

Limitaciones culturales 67

Dormir en el hospital 67

Dar a luz en la tranquilidad de la noche 68

Amanece. Nace un nuevo día 69

La mayéutica de la asesoría literaria y la edición. 73

Bibliografía 77

PRÓLOGO

Hay personas que disfrutan contando historias. Otras prefieren ayudar a otros a conseguir que sus historias reluzcan. Algunas de ellas, se preparan para realizar ambas cosas.

En cualquier caso, son personas inteligentes, cultas, creativas, muy capaces. Personas que han decidido desempeñar una profesión que se ejerce entre bambalinas, permaneciendo siempre en segundo plano. Personas generosas que jamás se atribuyen el mérito del trabajo bien hecho.

Y es así como tiene que ser.

Como siempre ha sido.

Una de estas personas ha escrito, editado, producido y publicado este documento, asumiendo cada una de las fases del complejo proceso que implica la transformación de un texto original en un libro.

Este libro.

Esta obra constituye una muestra del trabajo de un editor cuyo proceso de aprendizaje finaliza con su publicación.

A partir de ahora, se convertirá en mentor de cuentistas, en compañero de artesanos de la palabra.

Sí. Él es el EDITOR.

Y el editor, querido lector…

El editor es el mago.

Ma. Luisa Penín
Maga de profesión
Profesora de magos y artesanos de la palabra

INTRODUCCIÓN

El texto que estás leyendo ahora mismo forma parte de un proyecto formativo. En él se han volcado todas las habilidades recopiladas en el curso de edición profesional y asesoría literaria impartido por la escuela de editores y escritores profesionales Historias Donde Vivo & Sandra Bruna Agencia Literaria.

Las fases de producción de esta crónica han sido las siguientes:
- **Fase 1**: Búsqueda de información
- **Fase 2**: Análisis de los datos y triangulación
- **Fase 3**: Escritura del primer borrador
- **Fase 4**: Revisión y corrección de estilo
- **Fase 5**: Edición y maquetación
- **Fase 6**: Lanzamiento

Superarlas todas otorga una valiosa experiencia, desde la producción de un texto original hasta su edición, maquetación y estrategia de marketing, que será muy útil a la hora de asesorar a otros escritores.

Esta obra está dividida en tres bloques. El bloque introductorio describe el concepto de la crónica y justifica el interés de ésta en concreto.

El segundo bloque se compone de un breve manual para la realización de una crónica. En él se explica de manera escueta el proceso de elaboración del escrito, desde las notas de campo y el primer borrador, hasta la revisión y corrección del texto final.

El tercer y último bloque es el más importante, ya que es la crónica en sí. Se incluyen aquí las conclusiones del proyecto.

Dicho esto, espero que disfrutéis de la lectura y que su contenido sea provechoso.

La autora

INICIACIÓN A LA CRÓNICA

Qué es una crónica

La crónica es un exigente género periodístico con rasgos literarios. En palabras del escritor colombiano Gabriel García Márquez, «se trata de escribir un cuento que es real».

El cronista cuenta hechos verídicos utilizando técnicas propias de la narrativa. No se trata de escribir un relato periodístico explicando un hecho exactamente como sucedió, sino de construir una historia interpretando desde nuestra propia mirada ese hecho, sin inventarnos nada.

Para escribir una crónica debemos tener en cuenta tres puntos esenciales: la elección del tema, la recopilación de datos y la redacción.

A continuación se definen cada uno de estos puntos y se desgranan sus particularidades.

La elección del tema

Las crónicas parten a menudo de una necesidad personal y podemos encontrarlas sobre cualquier tema que se nos ocurra: crónicas viajeras y políticas; sobre sociedad, sucesos, eventos deportivos, etcétera. El cronista puede darle múltiples enfoques a un mismo tema siempre y cuando lo haga de manera consciente e intencional.

El objetivo es resaltar la magia de lo cotidiano.

La investigación

Para que la crónica sea veraz, debe de haber un proceso de investigación previo consistente en recopilar datos, analizarlos y triangular la información.

Las fuentes más recurridas de los cronistas son la bibliografía, la testimonial y la realización de entrevistas. Aquella información que se repita en las tres fuentes se considerará cierta. Es importante utilizar testimonios y fuentes de información fidedignos para aportar veracidad a la redacción.

Cabe destacar que la fuente testimonial se basa en el trabajo de campo. El cronista debe ser testigo del acontecimiento o evento que se trate, ya que el escrito se basará en parte en esa experiencia personal. La curiosidad es el motor, nunca debe conformarse con lo que se observa a simple vista, hay que investigar y destapar los detalles más desconocidos.

Redacción y estilo

El cronista interpreta los datos y los escribe de manera objetiva poniendo en práctica diferentes técnicas narrativas. El texto debe ser conciso y aportar solo la información necesaria, evitando rellenos; el vocabulario, preciso. Se expresa usando un registro estándar (aunque en ocasiones sea necesario incluir terminología específica), de manera clara y sencilla para evitar malinterpretaciones, minimizando las explicaciones rebuscadas de los hechos. Suele narrarse en orden cronológico.

Las historias individuales son más interesantes que los planteamientos generales porque generan más empatía. Es por eso que suelen evitarse los segundos.

Crónica sobre una noche de guardia

Los hospitales suelen tener connotaciones negativas. ¿A quién le podría interesar asomarse por simple curiosidad? La pasión con la que Lydia habla de su labor de comadrona hizo que pensase en ella cuando me planteé escribir esta crónica. Se necesita una sensibilidad especial para gestionar momentos delicados y sobrellevar las consecuencias, lidiar con los dramas personales de los pacientes, participar en sus historias de superación, ver cómo se apagan, compartir sus alegrías o acompañarlos en la soledad de su enfermedad. En ocasiones, tomar la decisión adecuada en el momento preciso marca la diferencia para evitar o minimizar secuelas, incluso entre la vida y la muerte. Eso implica mucha responsabilidad, y la vocación por su trabajo es el escudo y a la vez el motor del personal sanitario. ¿Sería capaz de transmitir todas esas sensaciones por escrito?

Lydia es una joven que hizo la residencia en el hospital de Vic y trabaja en el mismo desde mayo de 2019, tras muchos años de formación. La conocí en Cáceres, su ciudad natal, unas navidades hace ya casi cuatro años y la vida me ha dado la oportunidad de acercarme más a su historia.

Feminista, vegetariana y todo corazón, es una chica fuera de lo común. La visión de Lydia sobre su trabajo es paradójicamente transgresora. Su intención es ayudar a las mujeres, madres primerizas y madres experimentadas rompiendo con los esquemas establecidos en el último siglo, que fomentan partos medicalizados en detrimento de lo natural, lo que ha sido desde el origen de la humanidad.

Nuestra sociedad tiene idealizada la maternidad. Las modernidades no han deshecho todavía el velo de tabús que cubre la educación sexual, las enfermedades relacionadas con el aparato reproductor, ni siquiera la manera en que nos puede generar placer. Hoy en día sigue habiendo embarazos no deseados, problemas antes, durante y después del embarazo y dificultades preocupantes en cuanto la vuelta a la rutina familiar, laboral y emocional después de haber sido madre.

En estas páginas narro mi experiencia una noche de guardia en el hospital donde trabaja esta comadrona. En ella se muestra parte de su trabajo y se refleja su trayectoria actual.

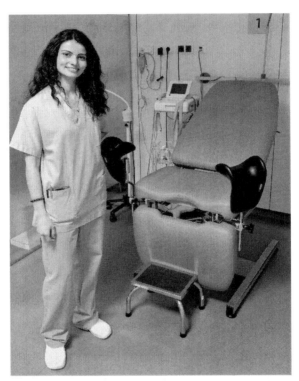

Imagen 1. Lydia en la sala de urgencias

DEL PRIMER BORRADOR
AL TEXTO FINAL

Cómo se gestó esta crónica

Una de las veintidós reglas de la escritura según Pixar se titula *Aprende a terminar* y reza lo siguiente: «Termina tu historia; déjala ir incluso si no es perfecta. En un mundo ideal tendrías ambas cosas, pero hay que seguir adelante y hacerlo mejor la próxima vez» (Coats, 2012).

La clave para escribir bien es explicarse con sencillez y claridad. Sin embargo, escribir fácil no es sencillo. El primer borrador de cualquier manuscrito suele ser terrible, por eso siempre necesitamos hacer una revisión exhaustiva de su estructura, los elementos clave y el estilo empleado una vez que lo hemos terminado de escribir (**nunca antes**). Incluso si eres de los que planifica tu escritura previamente, es necesario valorar el resultado y reescribir.

Ana González Duque nos dice en su programa

Cuestión de estilo (serie en podcast del *Escritor Emprendedor*) que «La elegancia escribiendo se llama estilo. Hay gente que lo llama talento, pero creo que el verdadero talento es tener una elegancia innata. La gran mayoría de nosotros somos *gimnastas de tecla* y aprendemos ese estilo a base de muchos errores y de repetir los ejercicios». Así que nadie tiene por qué preocuparse, este asunto nos afecta a la mayoría de escritores mortales. Escribir es reescribir.

A continuación, recopilo los puntos que yo tengo en cuenta durante el proceso de creación y revisión.

¿Por qué debo contar esta historia?

El propósito es el corazón de la historia. La inquietud que arde en el interior del autor y de la que se alimenta su escritura. Es importante enfocar la obra y volcar esa intención con intensidad desde el principio.

Cómo la voy a contar

Siguiendo las características propias del género, me he decantado por la opción básica de narrador testigo en primera persona que habla en pasado.

Como ya hemos dicho antes, una crónica consiste en narrar hechos verídicos. Un requisito indispensable es que esté escrita por un testigo, sin embargo, aunque sea un género interpretativo, no debe perderse la objetividad.

Fuentes de información y triangulación

La bibliografía de esta obra cuenta con una amplia lista de páginas web consultadas entre las que se cuentan perfiles de asociaciones y profesionales, blogs de divulgación y blogs especializados.

También se ha recopilado información a partir de una encuesta a cuarenta y dos madres residentes en Cataluña.

El personal del hospital presente la noche de la visita accedió a responder todas las preguntas que me surgieron.

El proceso de triangulación se ha llevado a cabo a medida que escribía. Utilizando como base las notas del cuaderno de campo, he ordenado y completado la información hasta confeccionar cada uno de los bloques que componen la crónica.

Coordenadas y cronograma de la acción

El trabajo de campo se realizó la noche del 6 de marzo de 2020, entre las seis de la tarde y las ocho de la mañana del día siguiente en el área de obstetricia del Hospital Universitari de Vic. Al contrario que en la noticia, la información de quién, dónde, cuándo, cómo y qué no está en el primer párrafo sino que se va presentando a medida que avanza el relato.

Análisis de los personajes

- Protagonista: Lydia lleva todo el peso de la acción y se expresa con naturalidad.
- Narrador testigo: se visualizan los hechos a través de las palabras del yo. Distinguimos la voz de la protagonista de la voz narradora.
- Secundarios: el ginecólogo, la auxiliar. Son piezas clave en la historia que van un paso por detrás de la protagonista.
- Figurantes: los pacientes son los catalizadores de la acción, los que ponen en marcha a nuestra protagonista y a los personajes secundarios.

Estructura clásica

Los hechos de esta crónica están narrados en orden cronológico, empleando la estructura clásica de **inicio–nudo–desenlace**.

Prestamos atención también al título que encabezará la crónica. El título es el gancho inicial del público, debe ser sugerente y que invite a la lectura.

Tan importante como el título es el primer párrafo. Idealmente, el párrafo introductorio debe tener la potencia suficiente para permitir al lector visualizar los espacios y ambientes donde tendrá lugar el acontecimiento sobre el que se escribirá y despertar así su interés por continuar la lectura.

El siguiente paso es desarrollar el cuerpo del texto donde se explican los hechos entrelazados con la visión del autor.

Para finalizar, debemos prestar especial atención al párrafo conclusivo. Aquí se incluirá la impresión del autor en relación al hecho narrado.

A continuación se presenta el esquema estructural de la crónica *Comadrona de guardia*:

Inicio: Bienvenida a la rutina; Presentación de los compañeros; Lydia, la comadrona

Desarrollo: Los paritorios; El parto en el agua; El parto en casa; La chica de urgencias; Decrecimiento de la tasa de natalidad; Limitaciones culturales, Dormir en el hospital; Dar a luz en la tranquilidad de la noche

Desenlace: Amanece. Nace un nuevo día.

Conclusión: La mayéutica de la asesoría literaria y la edición

Composición de escenas

Una escena potente consta de cinco elementos clave: el plano de acción, la información nuclear, la pausa, el sumario y la elipsis.

El plano de acción y la información nuclear componen el presente de la historia, la narración de los hechos: es la que da ritmo e intensidad al texto. Las pausas están compuestas por las descripciones: nos transportan a los escenarios, visualizamos a los personajes, la acción se detiene y la intensidad disminuye. Los sumarios dan información acerca del contexto histórico-social: suele contarse algo que sucedió hace tiempo cuyas consecuencias desembocan en la situación actual. Por último, las elipsis dan saltos al futuro: citan hechos que no han ocurrido todavía siguiendo el orden cronológico de la información nuclear, actúan como indicios de lo que está por llegar.

Es necesario equilibrar estos cinco elementos al reconstruir un instante en forma de palabras, de manera que se obtenga una visión intelectual, sensorial y emocional completa del acontecimiento.

En el primer borrador fue complicado equilibrar descripciones e información nuclear. Los sumarios elaborados a partir de la información bibliográfica eran muy densos. Durante el proceso de reescritura, se suaviza el aire de reportaje que tenía el primer borrador para añadirle más literatura y conseguir así el objetivo de la crónica, contar un cuento que es real.

Diez claves para pulir el estilo

1. Visibilidad

La visibilidad es la capacidad del texto para transportar al lector al escenario donde transcurren los hechos utilizando los cinco sentidos a través de las descripciones. ¿Tiene el relato atmósfera propia? ¿Se distinguen distintos ambientes?

Un consejo muy útil es utilizar palabras visuales. Cuando no sea posible porque estamos tratando un tema abstracto, añadiremos un ejemplo que lo haga más visual. Es el caso de los libros de filosofía de Platón o los libros de física de Stephen Hawking. Ambos tratan temas abstractos y complicados, pero están plagados de ejemplos visuales que facilitan su lectura y comprensión.

2. Verosimilitud y grado de persuasión

En una crónica es esencial no inventarse nada. Se hace literatura con los datos recopilados, analizados en el proceso de triangulación y aceptados como reales entre otras cosas, por su verosimilitud.

Por otro lado, el grado de persuasión es la capacidad de conectar con el lector. No olvidemos que la honestidad da credibilidad a situaciones inimaginables. ¿Cómo actuarías tú en la situación de tus personajes?

3. Encabalgamientos
Los encabalgamientos son las transiciones entre frases y párrafos. Alerta al abuso de conectores, ya que pueden dar una impresión agotadora y consiguiente pérdida de sentido. Un consejo útil es suprimirlos para comprobar si realmente están aportando algo.

4. Continuidad y fluidez
«La lectura es un acto progresivo y lineal, de modo que cuando se obliga al lector a retroceder, se interrumpe ese acto» (Salas, 2017).

Hay que evitar contradicciones cognitivas (por ejemplo, la natalidad ha caído por encima del 20%) y trabajar una buena transición entre párrafos. El abuso de conectores crea fatiga al lector. Para evitarlo se utilizan algunas técnicas consistentes en terminar un párrafo en pregunta y comenzar el siguiente con la respuesta, repetir la palabra clave, o bien encajando la idea y el efecto entre párrafos.

5. Cadencia

Para ilustrar el concepto de cadencia, transcribo aquí la traducción del maravilloso texto de Gary Provost:

«Esta frase tiene cinco palabras. Aquí hay otras cinco palabras. Está bien escribir frases así. Pero muchas juntas suenan monótonas. Escucha lo que está ocurriendo. La lectura se vuelve aburrida. El sonido empieza a zumbar. Es como un disco rayado. El oído pide más variedad.

Ahora, escucha. Varío la longitud de la frase y creo música. Música. La escritura canta. Tiene un ritmo agradable, una cadencia, una armonía. Uso frases cortas. Y uso frases de tamaño medio. Y, a veces, cuando estoy seguro de que el lector está descansado, le engancho con una frase de longitud considerable, una frase que se incendia con energía y que crece con todo el ímpetu de un crescendo, del redoble de tambor, del tintineo de los platillos; sonidos que dicen escucha esto, es importante.

Así que escribe con una combinación de frases cortas, medianas y largas. Crea un sonido que agrade el oído del lector. No escribas solo palabras. Escribe música».

6. Potencia del primer párrafo y relevancia de la información que se proporciona

En el primer párrafo es aconsejable evitar pausas y sumarios y mostrar el problema sin rodeos.

También es esencial prestar atención a la puesta en escena del protagonista: cómo habla, cómo piensa, cómo actúa, cómo conoce el lector su apariencia.

El texto debe ser conciso, sin información de relleno. Para captar la atención del lector, tratamos de enfocar siempre de lo específico a lo general.

7. Tensión dramática

Es recomendable alternar escenas con distinta carga de tensión para relajar y reactivar la atención del lector paulatinamente.

Un recurso útil para mantener el interés en la lectura es lanzar retos deductivos. A la mente humana le da placer rellenar los huecos vacíos de cosas que no están escritas sino insinuadas.

8. Equilibro en las formas del discurso

El diálogo es la forma fundamental del *mostrar*. No debemos caer en la tentación de transcribir textualmente los diálogos. Antes, extraeremos la esencia de su discurso y le daremos forma para que refleje la intención del texto. Podemos alternar discurso directo con el indirecto para fomentar la musicalidad del texto.

9. Precisión léxica y economía

Cada palabra empleada debe ser importante y contribuir al objetivo del escritor. La precisión del léxico se consigue con la práctica, releyendo y reescribiendo, prestando atención a cada término.

Nos aseguraremos de que el verbo utilizado expresa con exactitud la acción que se realiza; los sustantivos evocan con precisión el concepto al que se refieren; y los adverbios matizan al verbo debidamente. Más vale una palabra precisa que tres mal escogidas.

Está demostrado que las palabras de menos de tres sílabas se entienden mejor. Se recomienda el uso de los verbos cortos y escribir con voz activa (evoca inmediatez). Así mismo, se aconseja evitar el uso de perífrasis verbales siempre y cuando se puedan sustituir por verbos que expresen lo mismo con menos palabras.

Las frases largas son peligrosas: su comprensión es dificultosa, pueden colarse dos sujetos y perder el sentido. Es mejor acortar las frases a máximo 15-20 palabras con un orden lógico: sujeto, verbo y predicado.

Por último, estaremos atentos al empleo muletillas y a la repetición de palabras o de ideas que a menudo se cuelan de una línea a otra.

10. Lee en voz alta

Para finalizar, un último consejo: realiza la primera corrección en voz alta. Si te grabas leyendo tu texto, puedes detectar frases demasiado largas en las que apenas se puede respirar, exceso de pausas, palabras repetidas, cacofonías, presencia de muletillas, adverbios acabados en -*mente*... Anota todo lo que no te suene bien y toma medidas para mejorarlo.

Imagen 2. Nube de palabras relacionadas con el parto y la maternidad

COMADRONA DE GUARDIA
ASISTIR EL PARTO DE UNA CRÓNICA

Mónica fue madre por primera vez hace quince meses. Guarda un buen recuerdo del personal médico que la atendió en el parto: fureon ocho horas intensísimas de dolor que culminaron felizmente cuando pudo sostener entre sus brazos a Claudia, su hija.

Mientras lees esta página está naciendo un bebé en algún lugar de España. Como Mónica, la mayoría de las madres admiran la atención, la compañía y la profesionalidad que las comadronas les brindan en uno de los momentos más importantes de su vida.

¿Cómo se viven todas estas historias desde el punto de vista de las comadronas?

¿Qué recuerdos y sensaciones atesoran ellas?

Mi amiga Lydia es una de esas profesionales cuya rutina son los partos, y la pasión con la que habla sobre su labor me llevó a investigar su día a día. Tienes en tus manos un pedacito de su mundo.

Bienvenida a la rutina

Aquel viernes mi amiga me esperaba en la estación de Vic a las siete. Quién nos lo iba a decir, justo una semana después cancelaríamos nuestra siguiente cita a causa de la epidemia de coronavirus SARS-CoV-2. En la calle no se hablaba de otra cosa, aunque yo al menos me lo tomaba con mucho escepticismo. Además, me sentía eufórica: aquella noche teníamos un plan muy especial que no me quería perder.

La recogí puntualmente con mi coche y tras un cálido abrazo, seguí sus indicaciones rumbo al hospital. Rodeamos Vic por las calles de la periferia tomando rotondas aquí y allá, hasta que un último semáforo nos dio luz verde para girar a la izquierda. El edificio de obra vista se alzaba en la noche sobre una loma apartada del centro urbano. En el porche de entrada, unas letras mayúsculas plateadas rezaban en alto «Hospital Universitari de Vic», acompañadas con orgullo del logo del CHV (Consorci Hospitalari de Vic).

Antes de entrar, Lydia comprobó el cielo. Las nubes corrían altas ocultando una brillante luna creciente.

—En las noches de luna llena pasan cosas —confesó con aire místico.

—Eso me lo tendrás que explicar.

—Las comadronas que llevan muchos años podrían decirte que hay más partos en luna llena, o al menos más roturas de bolsa. Yo he tenido noches de luna llena que ha sido un no parar. Supongo que tiene algo que ver con el cambio de presión que ejerce la luna, igual que influye en las mareas.

—A ver qué pasa hoy... no es luna llena hasta dentro de tres noches —me aventuré a decir. La vergüenza había pinchado mi euforia inicial. ¿Cómo reaccionaría cuando se diese la situación?

En aquel momento ignoraba el alcance del umbral que acababa de cruzar. A partir de entonces me adentraba en la profunda caverna de lo femenino y caminaría a oscuras hasta luchar contra mis propios tabús y tropezar con el mismísimo origen de la humanidad.

El turno de Lydia comenzaba a las ocho de la tarde. Como llegamos con tiempo, ella fue a ducharse mientras yo tomaba las primeras notas en la sala de espera. No había nadie más sentado a mi alrededor y el goteo de gente que salía del centro hospitalario era constante. De vez en cuando, alguien se acercaba al dispensador de pared para echarse un chorro de antiséptico en las manos y me recordaba la incipiente paranoia por el coronavirus. El recepcionista, ajeno a mí y a mi libreta, se puso a tamborilear en el mostrador. La última media hora de jornada un viernes puede resultar insoportable.

Lydia apareció en la sala de espera a las ocho y pocos minutos. Había sustituido su holgado vestido de colores otoñales por la bata azul del hospital. Como todos los días, el compañero del turno anterior le había pasado el parte de la situación en el área de obstetricia[1]. Al parecer, estaba ingresada en planta una mujer que había roto bolsa aquella tarde. Alcé las cejas, sin entender y mi amiga aclaró:

—El bebé dentro de la barriga está en una bolsa de agua. Cuando está a punto de nacer, se crea una fisura y se rompe. De ahí viene lo de «ha roto bolsa». A la madre comienzan a salirle gotitas de líquido constantes o incluso a chorro.

Yo me imaginé un huevo al que se le resquebraja el cascarón y empiezan a salirle patitas de pollo y una cabeza.

—¿Y ahora qué tenéis que hacer?

—De momento nada. Según el protocolo del hospital, si a las doce horas no se pone de parto, se

---

1 La obstetricia o matronería es la ciencia de la salud y la profesión que se encarga del embarazo, el parto y el puerperio, además de la salud sexual y reproductiva de la mujer a lo largo de toda su vida. En muchos países es una profesión médica[1].

lo inducirán. De momento ven conmigo, te dejaremos un uniforme.

Subimos por las escaleras a la primera planta. El centro hospitalario en aquella zona estaba desierto. Las luces de los pasillos brillaban, generando sensación de noche también dentro del edificio.

Caminamos hasta una puerta de cristal con las pegatinas blancas del hospital y Lydia pasó su tarjeta identificativa por el sensor para abrirla. Acabábamos de entrar en el área de obstetricia. Lo primero que nos encontramos a mano derecha fue la puerta del vestuario de personal. El vestuario era una sala cuadrada revestida de taquillas metálicas altas y estrechas, con un pequeño banco en medio. Había zuecos debajo de las taquillas y una estantería con uniformes limpios organizados por tallas. Sustituí mis atuendos de calle por una camiseta y unos pantalones azules y guardé mis cosas. Lydia me trajo unos zuecos de mi número: ya estaba lista para vivir desde dentro la experiencia de una noche de guardia en el área de obstetricia.

Como quien te enseña su casa, pasamos por la pequeña cocina donde come y cena el personal y me ofreció agua, café y zumos. Me fijé en el contenido de la nevera, que consistía principalmente en una extensa colección de yogures La Fageda rotulados con el nombre de la dueña o el dueño para evitar apropiaciones indebidas.

Un plano del área de obstetricia dibujado a mano disparó mi imaginación y comparé la disposición de las instalaciones con un aparato reproductor femenino. Visto en el dibujo, el ovario izquierdo es la sala de urgencias, donde van las mujeres que sienten algún dolor durante el embarazo. Allí se les pueden realizar exámenes visuales externos y/o ecografías.

En el ovario derecho está la sala de registros. Allí van las mujeres a las cuarenta semanas de embarazo para monitorizar las constantes del bebé durante veinte minutos. A esas horas que todo estaba a oscuras, me imaginé la sala de día, con la luz del sol colándose a través de las ventanas, y a las parejas atentas a los latidos del próximo miembro de la familia. Los arrulla una música relajante y esperan emocionados el día en el que puedan sostener el bebé en sus brazos.

Volvimos al pasillo y avanzamos por el equivalente a las trompas de Falopio para llegar a las puertas de la zona de partos. No entramos por la puerta grande sino que lo hicimos por un pasillito paralelo, con algunas taquillas, por donde suelen pasar los acompañantes de las parturientas. Los paritorios son el útero donde se gesta esta crónica.

Presentación de los compañeros

El turno de la noche en este hospital lo cubren dos comadronas, un ginecólogo y un auxiliar.

El ginecólogo me dio la bienvenida en su despacho, una pequeña habitación con una diminuta biblioteca sobre fisiología del parto y ginecología, un sofá de dos plazas, escritorio y ordenador.

Más adelante está lo que ellos denominan el control de matronas, una especie de recepción separada del pasillo por un mostrador. Aquél es el centro administrativo del área. Cada médico y enfermera tiene allí un casillero con documentación. Las matronas se encargan de anotar los partos en el libro de registros, un cuaderno enorme y apaisado donde constan todos los detalles: fecha y hora, número de parto, quién lo atendió, nombre de la madre, si presentaba alguna patología y el estado del bebé.

Las paredes lucían forradas de pósters ilustrando posturas de parto y prácticas para mantener una higiene de manos adecuada. En el calendario de pared saludaba un bebé blandito y suave acompañado de las palabras «Lo vas a hacer bien». Ya había dos meses tachados a bolígrafo.

Una mujer y un hombre estaban sentados tras el mostrador viendo una película. De haber habido alguna mujer dando a luz, lo que se proyectaría en esa pantalla serían las constantes del bebé mediante la técnica de telemetría. Supuse que las horas de espera en el hospital podían hacerse muy largas, pues una multitud de elaboradas estrellas de origami reposaban sobre la estantería del fondo.

Lydia me presentó entonces a sus compañeros. La mujer era la auxiliar y el hombre la otra comadrona. Mi reacción inicial fue de sorpresa, ya que había supuesto que los papeles de cada uno serían los contrarios. Como no me esperaba esa situación, pregunté a Lydia:

—¿Cómo se llama la comadrona si es un hombre?

—Comadrona igual —contestó ella con naturalidad—. En Vic somos catorce comadronas, de las cuales dos son hombres.

A lo largo de la historia ha habido momentos de presencia masculina en el oficio, pero en general ha sido un puesto reservado en exclusiva a mujeres. En la Antigua Grecia, durante el siglo III aC, los hombres eran los encargados de asistir los partos, y esto supuso la pérdida del estatus profesional de las parteras[II]. En el siglo XX los hombres se han comenzado a introducir tímidamente en el sector, aunque siguen siendo muy pocos los inscritos en las escuelas de matronería. En el 2017, el 5% de las comadronas en España eran hombres[III]. En general, la sorpresa de las madres no pasa de la primera consulta, cuando algunas los confunden con el ginecólogo. Debido al transfondo cultural, algunas mujeres árabes sí que se muestran más reticentes a ser atendidas por un hombre[IV]. Ellos defienden que el hecho de ser hombre o mujer no aporta nada diferente al trabajo de matrona. Al final, lo que importa es que la mujer esté cómoda y bien atendida. Eso sí, reconocen que su empatía no es suficiente para comprender el dolor que sienten sus pacientes cuando dan a luz[V].

—¿Una mujer puede negarse a que la trate un ginecólogo o una matrona hombre?

—Hace tiempo sí que había ese problema. Instauraron un protocolo según el cual, a no ser que la mujer hubiese sufrido abusos sexuales previos, la persona que la atendería sería el personal disponible en el horario de su visita. Normalmente solo hay un ginecólogo de guardia. Si es hombre, no van a hacer venir a una ginecóloga porque alguien lo pida...

Lydia, la comadrona

Se nos pasaron prácticamente dos horas sin darnos cuenta. Bajamos a cenar antes de que cerrasen el restaurante del hospital y aproveché la ocasión para preguntarle a Lydia por su trayectoria académica y la motivación por convertirse en comadrona.

A Lydia se le iluminan los ojos siempre que habla de su oficio. Su misión es ayudar a las mujeres a dar a luz interviniendo lo mínimo posible, romper con los esquemas altamente medicalizados establecidos en nuestro país y apostar por partos más naturales, como ocurre en el centro y norte de Europa. También asiste partos en casa. Su afán por aprender del máximo de situaciones posibles es porque quiere prepararse para trabajar bajo cualquier circunstancia. Ahora está cogiendo experiencia para, llegado el momento, poder dar soporte a madres en cualquier lugar remoto del mundo, con material limitado y en unas condiciones que distan mucho del óptimo que ofrece cualquier hospital europeo.

El restaurante del hospital no tenía nada de especial. Solo había un par de mesas ocupadas por personal con uniforme de ambulancias. Cogimos una bandeja cada una y fuimos colocando el menú de la noche: un bollo de pan, una botella de agua, un yogur, una ensalada y una ración de guiso con costilla de cerdo. Lydia por su parte se decantó por la tortilla francesa para no tomar nada de carne.

Nos sentamos en una de las múltiples mesas vacías y mi amiga prosiguió con su historia.

Lydia comenzó la diplomatura de Enfermería en Plasencia a través de la Universidad de Extremadura sin saber todavía que terminaría dedicándose a la obstetricia. La carrera de Enfermería son cuatro años de universidad para después presentarse al EIR (siglas de Enfermero Interno Residente[VI]), una prueba de carácter estatal que da acceso a la especialidad deseada por el estudiante y a escoger el centro sanitario donde realizarla.

Superar la prueba del EIR y ganar una plaza como residente implica dos años de trabajo en el hospital asignado aprendiendo los matices de la especialización en cuestión. Una vez terminada la etapa de *enfermera en prácticas* se obtiene al fin el título de matrona. No hay que olvidar que, como en cualquier profesión, la formación es continua durante el resto de la carrera laboral.

Lydia decidió especializarse como comadrona durante su tercer año de carrera y desde entonces no ha dejado de profundizar en los conocimientos de esta área e incrementar su pasión por ella. Finalizó la carrera en la ciudad de Cáceres y después se marchó a trabajar como enfermera a Inglaterra mientras se preparaba el EIR.

Pero ¿qué implica ser matrona exactamente? El Consejo de la Confederación Internacional de Matronas, en Brisbane, Australia, determinó el 19 de julio de 2005 lo siguiente.

«Una matrona es una persona que [...] ha obtenido las calificaciones necesarias [...] para proporcionar apoyo, cuidados y consejos durante el embarazo, parto y el puerperio; dirigir los nacimientos en la propia responsabilidad de la matrona y proporcionar cuidados al neonato y al lactante. Este cuidado incluye las medidas preventivas, la promoción de nacimiento normal, la detección de complicaciones en la madre y el niño, el acceso al cuidado médico u otra asistencia adecuada y la ejecución de medidas de emergencia [...]. Este trabajo debe incluir la educación prenatal y preparación para la maternidad y puede extenderse a la salud de mujeres, la salud sexual o reproductiva, y el cuidado de los niños. Una matrona puede ejercer en cualquier emplazamiento, incluyendo la casa, la comunidad, los hospitales, las clínicas o las unidades de salud».

Esta definición es fruto de milenios de experiencia. Las matronas surgieron con aquella primera mujer que acompañó y ayudó a parir a otra. El origen de las matronas es paralelo al de la civilización, puesto que las complicaciones en el parto comenzaron a darse con la modificación genética de la cadera que hizo bípedos a nuestros antepasados. Con los primeros asentamientos y la aparición de la organización social, las mujeres ancianas eran las encargadas de acompañar a las parturientas[II].

A lo largo de los siglos se han ido sucediendo ciclos de prestigio y desamparo para las comadronas. Sin embargo, la empatía, la necesidad —o quizás directamente el instinto de supervivencia como especie— han hecho que esta profesión perdure hasta nuestros días, abriéndoles las puertas también a los hombres.

Para formar a una matrona es necesario que atienda un número mínimo de partos. Las vacantes que se abren cada año en la convocatoria del EIR están en consonancia con la capacidad de cobertura de los hospitales españoles[VII]. La especialidad Obstétrico-Ginecológica es la que atrae cada año a más estudiantes de enfermería. El denominador común de esta pasión se podría resumir con solo una frase: traer vida al mundo genera emociones muy fuertes. Es muy gratificante trabajar con mujeres y bebés sanos, pues el embarazo no debería ser considerado una enfermedad. Además, la complicidad que entrañan madres e hijos es muy interesante. Por último y no menos relevante, es la adquisición de competencias específicas como matrona. Las comadronas trabajan con más autonomía y responsabilidad que el resto del personal de enfermería en general.

Lydia estaba tan concentrada hablándome que apenas tocó su plato. Hizo una pausa en su relato para comer y yo me distraje con la tele que había enfrente de mi asiento. Al parecer, el equipo femenino de fútbol que ganó el último torneo europeo recibió como premio apenas cincuenta euros por cabeza.

Desistí de las costillas de cerdo y me lancé a por el postre. Lydia había terminado su plato también y prosiguió.

Cada país tiene establecida una cultura del parto diferente. En Inglaterra, Holanda, Suecia y Noruega la maternidad está muy sostenida por el sistema y se consideran unos países muy avanzados en materia de partos. Se fomentan los partos naturales (minimizando la intervención médica si no es estrictamente necesaria), se practica mucho el parto en casa o en casas de parto. El parto es un proceso respetado, lo cual no sucede en España si nos paramos a ver casos como la polémica orden judicial para ingresar en el hospital e inducir el parto a una mujer que había decidido parir en casa, en Oviedo, abril de 2019[VIII].

La tasa de partos en casa en España es residual. Un factor clave es la privacidad del servicio. Aquí cada matrona o grupo de matronas elige el precio y no lo cubre la seguridad social ni ninguna mutua. Si comparamos la situación con Inglaterra, allí las madres pueden decidir si quieren dar a luz en casa y el sistema público lo paga en ambos casos.

Pese a todo, dentro del territorio español, Cataluña es la región más progresista y donde se practica menos intervencionismo en general. Depende de la política de cada hospital y de la comadrona que asiste el parto en última instancia[IX].

Su intención al ir a Inglaterra era realizar la residencia allí atraída por la normalización del parto natural y en casa. Sin embargo, se decantó por volver a España porque aquí podía aprender más sobre patología y coger práctica suturando, y eso es para ella resultaba muy interesante. Su objetivo ahora es aprender lo máximo posible en la península. No descarta ir a Holanda o volver a Inglaterra para mejorar las técnicas de asistencia de allí.

Antes de haberse examinado del EIR, quería trabajar como matrona en Médicos Sin Fronteras.

Me contó con el corazón en un puño que en segundo de residencia tuvo la oportunidad de marcharse y la rechazó.

—No me sentía preparada. De hecho, todavía hoy tengo esa sensación. Me queda mucho por aprender, me da miedo encontrarme en una situación delicada y no saber reaccionar correctamente por falta de medios. En Sudamérica, por ejemplo, muchas veces es la mujer quien tiene que pagar de su propio bolsillo los gastos médicos. Allí cuenta cada hilo, cada gasa, cada fármaco. Si puedes gastar uno en vez de dos, lo haces. Aquí no se presta atención a esas cosas.

Yo la observé con los ojos muy abiertos ya que nunca antes me había planteado ese escenario. Tras meditar unos segundos, le dije:

—La experiencia aporta recursos y evidentemente tendrás más seguridad, aun así no aprenderás hasta que no salgas a enfrentarte a ellas.

—Así es... Me da miedo entrar en la inercia de trabajar para conseguir puntos y ganar una plaza fija y no irme nunca —terminó con un hilo de voz.

—No te engañes, esa zona de confort no es para ti. La Lydia que yo veo no va a olvidar su deseo de ayudar a nacer a las futuras generaciones en África o Sudamérica. Date tiempo, cuando llegue el momento lo sabrás. Entonces lo sentiré mucho por mí, porque vamos a dejar de vernos, pero estaré muy contenta por ti y por todos aquellos a los que vas a ayudar.

Ella se rio y nos abrazamos por encima de la diminuta mesa. Nos levantamos, dejamos las bandejas apiladas en el carro de platos sucios y volvimos al área de obstetricia.

Los paritorios

Continuamos con la ronda visitando las cinco salas de partos. Lydia me guiaba explicándome cada paso como si yo fuese una estudiante de enfermería.

Las salas de parto en este hospital son habitaciones amplias (a ojo, calculé unos veinticinco metros cuadrados), equipadas todas ellas con una cama, un sillón para el acompañante, un ordenador para poner música, ducha, pelotas medicinales para ayudar con ejercicios de dilatación, colchonetas para estirarse en el suelo y material médico diverso. De día, entra la luz natural a través de la ventana. En la tranquilidad de la noche, se puede dar a luz iluminados únicamente por una lámpara de sal.

Además, hay una cuna y una camita de reanimación por si fuese necesaria la asistencia cuando sale el bebé. Dos de los paritorios tienen bañera y, al más completo se le suma el *multitrack*.

El *multitrack* es una plataforma con dos asientos unidos en línea, como un tándem. El asiento de delante tiene forma de media luna y es donde se coloca la parturienta, mientras que el de atrás tiene un respaldo alto para el acompañante. En la parte trasera sobresale una barra curvada de la que cuelga una cinta. Esta cinta queda a la altura del asiento en forma de media luna, de manera que la parturienta puede agarrarse a ella y hacer fuerza (en la página siguiente se encuentra la ilustración de este equipamiento).

Mientras yo tomaba nota de todo, Lydia cumplía con su obligación de revisar el material al principio de su guardia. Mostrándome un armario lleno de cajones, me explicó:

–Ya ves que hay muchas cosas, lo que no tiene que faltar nunca es la medicación para parar las contracciones en caso de que el bebé esté mal y otra para remontar la tensión de la madre si se necesita. Por supuesto, también es indispensable el material para coger vía.

Después de esto, Lydia se dirigió a la camita de reanimación y encendió varios botones, comprobó tubos, apretó varias veces una bomba para expulsar aire y volvió a apagarlo todo. También había una incubadora en el pasillo en caso de necesitar trasladar el recién nacido a pediatría, área físicamente muy cercana a donde nos encontrábamos.

—En estas salas, la mujer puede moverse y encontrar la posición en la que se sienta más cómoda: la cama, el suelo, el *multitrack*... La bañera la utilizamos solo para mitigar los dolores de las contracciones, aunque en otros sitios también se practica el parto en el agua.

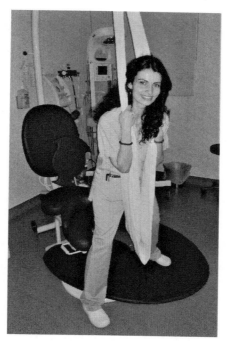

Imagen 3. Lydia muestra cómo se coloca una parturienta en el *multitrack*

Hasta ese momento, mi relación con un nacimiento se limitaba a las imágenes de películas y series de televisión en las que la mujer aparece tumbada boca arriba con las piernas en alto.

—En un parto natural, ninguna mujer se tumbaría en una cama. Todo el proceso de parto consiste en ayudar al bebé a posicionarse para salir. El bebé podrá nacer bien si la madre puede llevar el dolor y moverse con libertad, adoptar posturas. La posición debería depender de la madre siempre y cuando el bebé esté bien, y adoptar la posición ginecológica solo en el caso de que hubiese de instrumentar (usar fórceps o ventosa, por ejemplo).

»Lo natural es aceptar y escuchar ese dolor porque te da toda la información. Te duele "aquí"—me señala la espalda—, no vas a estar tumbada porque el bebé no puede girar y encajarse en la pelvis. Entonces la mujer va a moverse, porque eso es lo que tiene que hacer».

»Sin embargo el dolor es brutal. Ellas mismas dicen "no puedo, me voy a morir, quítamelo, quítame el dolor"».

»Un 90% de los partos termina con epidural, por lo que un parto apenas medicalizado no es lo habitual. Una vez que se pone epidural, ya no es un parto normal. Esa comunicación se interrumpe y el bebé se encajará tal y como esté posicionado. Quizás no pueda salir por la vagina porque se ha colocado mal. A partir de ese momento ya no me muevo de su lado porque es necesario monitorizar de manera constante al bebé, la mujer no se puede levantar de la cama, le tengo que ir sacando la orina con un catéter, tiene que estar todo el rato con medicación y con suero porque la presión arterial se desploma y podría morir. Como la mujer no siente dolor, no hay contracción, no empuja, entonces se le aplica oxitocina, lo cual le genera más estrés al bebé... Es una cadena de intervenciones que hacen imprevisible el parto. Lo normal es que el parto con epidural acabe en vaginal, sin ayuda de fórceps, pero no puede asegurarlo con tanto porcentaje de éxito porque hay más riesgos».

Las parturientas sin riesgo aparente que asiste Lydia tienen la oportunidad de adoptar la posición con la que mejor empujen.

—Por ejemplo: si ella de pie está bien, lleva rato empujando y el bebé no baja, entonces se cambia a cuadrupedia. Cuando en cuadrupedia lleva veinte minutos sin avanzar, entonces la llevo a la silla de partos. Si hay una postura que parece buena y, aun así, a ella le provoca un dolor terrible y el bebé no acaba de nacer, no debe forzarse a mantenerla. La madre se moverá hasta dar con la postura en la que esté lo más cómoda posible dentro de las circunstancias[X].

Lamentablemente, esto depende mucho de la comadrona y hay algunas que se limitan a mandarlas a la cama y dicen «ya parirán».

Levanté la mirada de mi cuaderno al reloj de pared que había colgado en el cabecero de la cama y pregunté.

—¿Cuánto suelen durar los partos?

El cuerpo femenino debe prepararse para traer vida nueva al mundo. Este proceso de preparación se divide en tres fases de trabajo: dilatación, nacimiento o expulsión y alumbramiento. Podrían contarse también otras fases previas así como la fase de recuperación posterior[XI].

La dilatación va desde la primera contracción hasta los diez centímetros. Durante esta fase, ocurre el borramiento del cuello uterino. Siempre teniendo en cuenta un parto sin intervención de un primer bebé: desde que la mujer ingresa con cinco centímetros de dilatación y contracciones frecuentes, podemos calcular una media aproximadamente de un centímetro por hora. Desde los cinco hasta los ocho suele ir muy rápido y de los ocho a los diez es algo más lento. Al final, las contracciones se suceden en periodos de tres a quince minutos con una duración media de treinta segundos cada una. Suele durar una media de cinco horas.

En el periodo de expulsión el bebé se abre paso por el canal de parto ayudado por los pujos de la madre. Es la fase más crítica y su duración es muy variable: unas tres o cuatro horas más.

El proceso de parto se da por concluido con el alumbramiento, que consiste en la expulsión de la placenta. Esto suele durar entre cinco y treinta minutos.

Cuando se aplica epidural en un primer parto, se pierden todas las referencias. A lo mejor la mujer dilata en una hora, pero el bebé tarda en nacer hasta cuatro porque no hay tanta movilidad.

—La media contemplada en la literatura es de ocho horas, aunque hay mucha variabilidad. Cuando una mujer se pone de parto por segunda vez o más, el nacimiento puede concluir en dos o tres horas. En general, si me llaman para cubrir una urgencia ¡sé que no voy a tardar menos de cinco horas en volver a casa!

—Vaya, si nos pillara en mitad de la merienda se nos enfriaría el café.

—Me temo que sí. Hoy en día nos dan mucha información, «a las cuarenta semanas, pares», «en tantas horas pares». No, no tiene por qué ser así, cada mujer y cada parto son historias diferentes.

»En el fondo, se repite un patrón. Por ejemplo, si en el primer parto tuvo una hemorragia post-parto, ya se preparan porque en el segundo hay más riesgo de que vuelva a ocurrir. Te previenes para actuar cuando ves que es necesario. "Estate en la cama quieta porque a ver si vas a tener X". Esto es lo último que deberías hacer porque de tanto pensar que va a pasar, pasa. Además, aunque por la evolución del parto puedas hacerte una idea de lo que va a tardar en salir el bebé, nunca puedes confirmárselo a la madre con seguridad. El proceso puede torcerse en cualquier momento, y cuando ellas tienen unas expectativas y no se cumplen, no les favorece en absoluto. Luego podrían echártelo en cara, "¡Tú me dijiste que en tres horas pariría!"».

—Suerte que el reloj les queda a sus espaldas.

—Se giran igualmente para mirarlo.

—¿Y si les pusierais una tele?

—No creo que sea buena idea. Es un momento muy intenso para vivirlo plenamente conscientes. ¡La tele tiene un poder de abstracción casi tan potente como el de un analgésico! Los ordenadores que hay en todas las salas son para poner música.

»Un parto normal suele empezar de tarde-noche y culmina entre las cinco y las seis de la mañana. De día, la mujer tiene más actividad y se olvida de ella misma, por la noche en cambio se relaja y empieza *el milagro*».

—¿Tiene que ver algo con nuestro ritmo circadiano?

—No, más bien es un tema hormonal: la adrenalina lucha contra la oxitocina, que es la que produce el parto. De día hay más adrenalina y la oxitocina aparece más de noche cuando vamos a descansar. Esto no es norma, los tres últimos partos en casa que he atendido han sido de día...

—Cada parto al que asistes debe de ser agotador.

—La verdad es que las horas pasan volando. Si es un parto sin riesgo y sin epidural, la pareja y la madre tienen todo lo que necesitan en la sala de parto para gestionar el dolor lo mejor posible, yo no estoy todo el rato con ellos. A medida que pasan las horas va evolucionando: cada vez más contracciones y más dilatación hasta la expulsión.

»Conectamos los electrodos para escuchar el bebé una vez se entra en una fase activa del parto (contracciones frecuentes y dilatación de más de cinco centímetros), más o menos veinte minutos cada hora para asegurarnos de que el bebé va llevando bien el trabajo de parto. No están todo el rato enganchados porque el aparato no es inalámbrico y quita movilidad, pero les recomiendo igualmente que se paseen todo lo que los cables permitan».

»Yo les digo, "Venga tranquila, vamos a beber un poco de agua o de zumo. ¿Qué tal si comemos algo? Va, vamos un ratito a la ducha. Si la dilatación ya está avanzada hasta los cinco centímetros y las contracciones son adecuadas, podemos meternos en la bañera y..." hasta que llegue el momento en el que ya tenga ganas de empujar. A partir de ahí, ya no me muevo de su lado. Cuando veo que la cabecita se va abombando y se abre la vulva sin ayuda externa, preparo agua caliente y gasas para ir poniendo en el periné[2] y lo que le sea más cómodo a ella».

—Creía que las parturientas no podían comer ni beber en ningún momento durante el parto.

—¡Ese protocolo es horrible! Está pensado por si el parto termina en cesárea. Si yo veo que va todo normal, las dejo que coman y que beban lo que quieran. Si siguiésemos ese principio de cautela siempre, no podríamos ni salir a la calle, ¡no vaya a ser que torciésemos un pie!

Durante el parto las mujeres sudan y jadean continuamente. Necesitan reponer líquidos, lo último que Lydia quiere es que se deshidraten.

—Lo peor que le puede pasar es que vomite. Pasan un mal rato, pero las consuelo porque "si vomitas, se abre arriba y se abre abajo" ¡Está todo pensado! Puede vomitar con el estómago vacío o lleno, al menos con el estómago lleno no saldrá solo ácido.

Igual que en el viaje del héroe, parir es superar una prueba final y decisiva para después renacer transformada en madre.

---

2 Periné o perineo: área entre la vagina y el ano.

El parto en el agua

Me acerqué entonces a la gran bañera que había en un extremo de la sala. Allí debían de caber unos quinientos litros de agua. Había unas escaleras para facilitar el acceso. En aquel momento estaba vacía y desinfectada.

Una vez, una madre me explicó que su primera hija nació en la bañera. «Fue larguísimo y nació sin epidural. Duró el tiempo necesario que mi cuerpo y mente necesitaban para llevar a cabo ese proceso mágico e inolvidable. Fue maravilloso».

El agua caliente es el analgésico más primitivo y en algunos hospitales ya la están utilizando para aliviar el dolor a parturientas que no quieren tener epidural o aguantar el máximo posible antes de la aplicación.

Las ventajas de los partos bajo el agua van desde la reducción de desgarres en el perineo, porque la piel y los tejidos se estiran con más facilidad en el agua, hasta la disminución del trauma para el recién nacido[XII].

En el agua, la gestante se siente liviana y tiene más facilidad de movimiento. Así se adoptan posturas propicias para el parto de manera instintiva.

El agua templada (37oC) actúa como relajante y alivia el dolor. Esto reduce la necesidad de suministrar medicamentos y anestesia. La relajación muscular disminuye el estrés que sufre el neonato durante las contracciones. Gran parte de las minusvalías físicas y psíquicas de los niños se originan durante las contracciones del parto, por lo que disminuye el riesgo de provocar este tipo de lesiones[XIII].

Además, el agua está ligeramente más fría que el útero (37.5ºC), mientras que una sala de partos suele estar a unos 20ºC, lo cual evita el cambio brusco de temperatura para el recién nacido.

El parto en el agua debe estar supervisado en todo momento por personal competente para detectar posibles complicaciones y tomar medidas.

—No entiendo, teniendo tantas ventajas el parto en el agua, por qué levanta tanta controversia.

—Como todo, hay que valorar cada caso. El parto en el agua es difícil de monitorizar porque la mayoría de electrodos que se conectan para comprobar las constantes del bebé no son impermeables. También está desaconsejado si no se ha alcanzado al menos los cinco centímetros de dilatación, ya que el agua caliente reduce las contracciones y podría desacelerar la labor del parto. En esos casos, para aliviar el dolor es mejor una ducha de agua caliente. En la ducha pueden moverse y activarse.

El parto en casa

—¿Y qué hay del parto en casa? En solo una generación, la visión del parto en casa ha cambiado radicalmente. Ha pasado de ser lo normal a estar muy mal considerado.

—Un parto, por muy de bajo riesgo que sea, siempre puede torcerse. Te puede dar seguridad estar en un hospital con un quirófano al lado como persona occidental del siglo XXI, pero no se suele necesitar. En el hospital se le suele dar menos tiempo a la mujer y se interviene más, con sus consecuentes complicaciones. Los problemas se van viendo a medida que se presentan (es imposible predecirlos), aunque suele cumplirse un patrón para cada madre. Por ejemplo, si en el primer parto tuvo una hemorragia, hay que estar preparados por si en el segundo se repite.

Una de las cosas más bonitas de los partos en casa es que toda la familia puede estar presente. A diferencia del paritorio en el hospital, los niños pueden acompañar a su madre en el nacimiento del bebé si así lo desean. Es importante para comprender la vida y familiarizarse con la maternidad.

—¿Y cómo se portan allí dentro?

—Están muy quietos y observan. Algunos no quieren quedarse.

La chica de urgencias

De haber tenido un campanario cerca, hubiesen tocado las once cuando apareció en el pasillo un enfermero del área de urgencias acompañando a una joven menuda y sin barriga.

El equipo de obstetricia se puso en marcha. Lydia me hizo un gesto para que la siguiese y nos dirigimos todos a la sala de urgencias.

Acomodaron a la chica en la cama del fondo. El ginecólogo se acercó a ella y le hizo varias preguntas. Era muy joven, apenas veinte años, y estaba embarazada de siete semanas. Se sentía inquieta porque había vomitado la cena y sufría pinchazos fuertes en los ovarios, parecidos a los dolores menstruales.

—¿Desde cuándo sabes lo del embarazo?

—Desde hace tres días. La última regla fue a mediados de enero... La semana que viene tengo hora para una interrupción —declaró ella.

—Muy bien —dijo el médico, siempre empleando un tono de voz tranquilo—, vamos a hacer lo siguiente: examinaremos la vagina con un espéculo y después haremos una ecografía. Por favor, quítate la ropa de cintura para abajo.

Mientras la chica se quitaba los zapatos y se desvestía, el ginecólogo extendió el biombo y se alejó para tomar nota de los datos en el ordenador. Lydia y la auxiliar ayudaron a la paciente a colocarse en la cama y la cubrieron con una bata.

Cuando volvió el ginecólogo, encendió un flexo muy largo y le mostró a la chica el espéculo que iba a utilizar para mirarla.

—No te hará daño, ya verás.

Lydia mantuvo su mano sobre la rodilla de la muchacha en todo momento. La cara de la paciente no disimulaba su angustia.

El ginecólogo finalizó su examen.

—Todo está normal —dijo mientras extraía el instrumento y apagaba la lamparita—. Vamos a hacer la ecografía, ¿vale? —Cogió entonces la sonda del aparato que había junto a la camilla y la cubrió con una funda de látex.— ¿Quieres ver la pantalla? —preguntó mientras introducía la pieza.

Ante la cara de desconcierto de ella, giró la pantalla inmediatamente, dejándola fuera de su alcance visual.

—La movemos y si quieres ver, nos lo dices, ¿OK?

El monitor del ecógrafo se iluminó y aparecieron millones de píxeles grises. Yo no era capaz de distinguir absolutamente nada de lo que se veía, en cambio el médico iba asintiendo a medida que exploraba y comentaba con Lydia acerca de las partes.

Aquí los ovarios, esto son unos quistes que parecen haberse roto hace poco... Y, con un gesto silencioso, ambos señalaron el diminuto embrión.

—¿Has venido sola? —la pregunta rompió el silencio y distrajo a la paciente, momento que aprovechó el ginecólogo para extraer la sonda transvaginal.

—Sí.

—Qué valiente. Mira, el embarazo sigue su curso normal. Tienes un quiste que puede ser la causa del dolor. Si sigues sintiendo molestias, podemos pincharte un calmante.

Ante la perspectiva de la aguja, la chica se replanteó su nivel de dolor.

—No, así tumbada ya me siento mejor.

Como si el ginecólogo hubiese esperado de antemano esa respuesta, le recomendó tomarse un *Enantyum* y se despidió de ella.

La chica se vistió y la auxiliar le dio un par de pastillas.

Lydia y yo volvimos a la cocina del área de obstetricia y me explicó algunas particularidades del caso.

—Cuando el embarazo es deseado se toman imágenes de la eco y se miden los latidos del embrión. Es poco conveniente cuando se ha tomado la decisión de abortar.

En el pasillo continuaba habiendo movimiento. Se asomó entonces otra enfermera donde estábamos nosotras. Lydia me la presentó como la supervisora. Ella era la responsable de asegurar que hay camas para todos los pacientes y de mantener una situación óptima durante el turno de aquella noche.

—Por aquí todo tranquilo —le explicó mi amiga.— Hay una mujer en planta que ha roto bolsa esta tarde y está esperando a ver qué pasa. Por ella no hay problema porque ya tiene habitación.

—¡Vaya! —exclamó la compañera—. En urgencias sí que hay mucho lío. Voy a seguir con la ronda.

Decrecimiento de la tasa de natalidad

Las puertas principales del hospital cierran de noche y el único acceso al centro es por Urgencias. Las luces blancas y potentes y el bullicio contrastan con la tranquilidad en la semioscuridad de Obstetricia.

—No nace ningún bebé desde el martes —puntualizó la auxiliar cuando nos acercamos a charlar con ella en el control de comadronas.— Este hospital está dimensionado para atender mil doscientos partos al año. A estas alturas de marzo hemos registrado ciento ochenta y ocho nacimientos. Son muy pocos.

Según datos de la Organización Mundial de la

Salud (OMS), la tasa de natalidad comenzó a descender en España el año 1979, cuando la media era de 17 nacimientos con éxito por cada mil habitantes. El mínimo sucedió en 1996, con una cifra de 9,2 nacimientos/mil habitantes. El número de nacimientos volvió a remontar ligeramente hasta un nuevo pico en 2008, con 11,4 nacimientos/mil habitantes, pero en 2016 la cifra volvía a estar por debajo de los 9 nacimientos[XIV]. La proporción entre niños y niñas se mantiene prácticamente al 50% siempre.

Además de disminuir el número de nacimientos, se pospone la edad en la que la mujer decide quedarse embarazada.

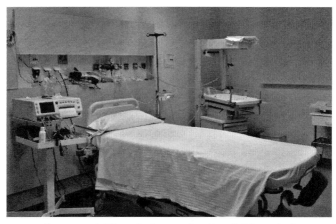

Imagen 4. Uno de los paritorios del hospital

Consultando los datos recopilados en la encuesta de fecundidad de 2018 realizada por el Instituto Nacional de Estadística (INE)[XV], se observan comportamientos diferentes entre las mujeres con educación superior y las mujeres con educación secundaria o formación profesional. Mientras que la mayoría de las primeras se quedan embarazadas entre los treinta y cuarenta años, las segundas tienen los hijos con menos de treinta. Asimismo, la situación laboral también influye en la decisión de quedarse embarazada. El 32,27% de las mujeres embarazadas menores de treinta años se encuentran inactivas (no trabajan ni están inscritas en el paro). En cambio, las mujeres trabajadoras son madres entre los treinta y cinco y los cuarenta años. Tanto en hombres como en mujeres es más frecuente tener hijos si se está en una situación laboral activa.

¿Qué es lo que está ocurriendo?

El modelo de vida que se establece en nuestra sociedad no sostiene la maternidad. Realizar una carrera universitaria y tener expectativas de crecimiento profesional entra en conflicto directo con la decisión de formar una familia. Ambas opciones son muy exigentes y requieren de tiempo y dedicación. Hasta ahora, pocos son los hombres que renuncian a su carrera laboral y suelen ser las mujeres las que terminan afrontando solas la experiencia de cuidar la familia, a menudo generando traumas.

Para mitigar esta situación debería invertirse más en educación por la igualdad. Normalizar el parto y el nacimiento desde la niñez, abriendo una actitud tolerante que acelere el cambio de mentalidad en la mayoría de las empresas. Hace unos años, el permiso de paternidad era ciencia-ficción. Por suerte, esto ha cambiado recientemente y se apuesta por equiparar el periodo de baja por maternidad y paternidad. Solo así puede evitarse que el mercado laboral penalice a las mujeres[XVI]. Ya hay batallas ganadas en este ámbito, sin embargo, no se debe bajar la guardia.

Dada la situación, no parece coherente que en el año 2018 se incrementaran las contrataciones de matronas un 55,88% respecto al año anterior. Un motivo para justificar estas cifras puede ser la clausura de las Escuelas de Matronas en 1987 por la no adaptación de la formación que se ofrecía en España a los requisitos europeos. Las escuelas permanecieron cerradas cinco años. Treinta años después de este suceso, las matronas que se van jubilando y las enfermeras generalistas que ocuparon las vacantes entonces necesitan el relevo generacional[II].

Limitaciones culturales

Las compañeras del centro que llevan muchos años trabajando allí están familiarizadas con la diversidad cultural de las pacientes de Vic y cuentan que, en época de ramadán, tienen algunos casos de mujeres que niegan estar haciéndolo pero su cuerpo desfallecido las delata. Aun no estando obligadas a ayunar durante el embarazo, el temor de tener que afrontarlo solas una vez que ha nacido el bebé hace que acompañen el procedimiento en las fechas de la comunidad, sea cual sea el avance de su embarazo.

—¿Hay estacionalidad en el número de partos? —le pregunté a la auxiliar.

—Parece mito ¡pero sigue notándose cuando juega el Barça! —se rio.— No, antes la gente planificaba más para que los nacimientos coincidiesen con las vacaciones, ahora al disponer también de la baja de paternidad, hay menos problemática.

Dormir en el hospital

A las doce de la noche continuaba la tranquilidad. El ginecólogo había apagado las luces de su despacho, probablemente estaba durmiendo en el pequeño sofá. Lydia estaba visiblemente cansada.

—Puedes quedarte todo el rato que quieras —me invitó—. Yo voy a echarme en uno de los sillones.

Dar a luz en la tranquilidad de la noche

Lydia vino a buscarme a la una de la mañana.

—¡Ha llegado una mujer!

Se trataba de una mujer embarazada de su primer bebé, acompañada por su marido. Había roto aguas hacía doce horas y había esperado en casa para evitar que la ingresaran hasta que no comenzase el parto.

Se le aplicó un tampón en la vagina con prostaglandinas para provocarle contracciones. Ya cuando había cierta dilatación se le quitó esta medicación y el parto siguió su curso sin más intervenciones, ni siquiera epidural. A la luz de una lámpara de sal, fue dilatando poco a poco sola, llevándolo muy bien con la pareja. Pasó mucho rato en la ducha de pie. Hubo un momento en el que las contracciones se le pararon, entonces se le tuvo que aplicar oxitocina. Normalmente, después de suministrar esta hormona se siente muchísimo dolor y se aplica la epidural, sin embargo, esta madre lo aguantó. Lydia le ofreció zumos para mantenerse hidratada y la animó a moverse constantemente. Se activó más y al final acabó pariendo en cuadrupedia encima de la cama.

Se desgarró muy poco, solo tuvo que darle dos puntos de sutura en la piel para cortar el sangrado.

—Ha sido un parto realmente bonito —me explicó Lydia al salir—. El bebé se enganchó enseguida al pecho. Los padres estaban tan contentos, tan contentos —suspiró, entre satisfecha y resignada—. Es una pena que lo que debería ser normal, al natural, se dé en tan poquitos casos.

A las dos horas, el bebé estaba saciado de su primer atracón de leche materna y se quedó dormido. La madre se dio una ducha y se puso su pijama. Estaba tan bien que parecía que no hubiese parido.

—Uno de los momentos más intensos es la primera mirada[3] entre el bebé y la madre. El olor de la sala. Estar ahí viendo el comienzo de una vida.

Amanece. Nace un nuevo día

Traer vida al mundo es una de las profesiones más bonitas, aunque también resulta agotadora.

Había llegado la hora de despedirse del equipo. Todavía no había salido el sol, pero todos estábamos muy cansados y con ganas de volver a casa.

Abracé muy fuerte a Lydia y le di las gracias por

---

3 Existe el mito de que los bebés son ciegos al nacer, pero se ha comprobado que los ojos del feto están desarrollados en la semana veintiséis. Así pues, cuando nace, ya ve, lo que ocurre es que sólo ve de cerca, a una distancia entre veinte y treinta centímetros, curiosamente la distancia aproximada que hay entre los ojos del bebé cuando es amamantado y los ojos de la madre que lo amamanta. La naturaleza es sabia y parece asegurarse de que el bebé solo vea a quien tiene cerca para reclamar la atención[XVII].

Los detalles de las pacientes mencionadas están alterados para no comprometer su identidad.

enésima vez. La experiencia de aquella noche había sido diferente a lo que familiares y amigas me habían explicado sobre su parto, y es que es distinto a vivirlo desde el punto de vista del profesional que da soporte. De alguna manera, me ayudó a comprender todo el proceso mucho mejor.

Recibí la luz del día satisfecha, testigo de una sabiduría que solo se alcanza cuando se vive en primera persona, porque solo entonces podemos escuchar las voces de nuestra consciencia colectiva.

Todas las madres con las que he hablado hasta ahora coinciden en dos aspectos: el terrible dolor que sintieron y la maravillosa sensación de abrazar por primera vez al recién nacido. «La mejor cita a ciegas de mi vida», dicen.

El parto es ajeno al tiempo universal. En el momento de nacer, nuestros corazones laten con el primitivo idioma de la vida misma y la diosa felicidad regala toneladas de fe a la esperanza. No importa cuánto haya avanzado la ciencia, cuál sea nuestra cultura, nuestra religión o nuestro estatus social, ese instante nos conecta directamente con nuestras raíces más remotas y, quizás ignoradas.

¿No resultaría precioso poderlo compartir más a menudo?

Después de esta aventura como cronista, me gustaría destacar que la vergüenza no es para nada compatible con la curiosidad.

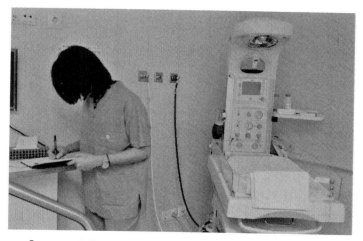

Imagen 5. La autora tomando notas junto a la camita de reanimación

LA MAYÉUTICA DE LA ASESORÍA LITERARIA Y LA EDICIÓN

Una profunda revelación me asaltó en el coche cuando volvía a casa mientras le daba vueltas a todo lo vivido esa noche. Sentí la pasión de Lydia reflejada en mi propia pasión por escribir y ayudar a escribir, como si nuestros oficios no fuesen tan distintos en el fondo.

Los editores somos las comadronas de libros, entrevistas, crónicas, artículos divulgativos, posts en blogs y columnas de opinión, entre otros. No son nuestros textos, pero les aportamos valor para que vean la luz con la capacidad suficiente de emocionar a cualquier lector.

Durante el parto la mujer está desnuda y se muestra al mundo tal y como es. Grita, gime y suda como si estuviese haciendo el amor. Es un momento muy intenso a nivel físico y espiritual.

Escribir requiere de técnica y voluntad, y a menudo desnudamos nuestra alma mientras lo hacemos. Cuando editamos un texto, conectamos con el interior del autor o autora, interpretamos lo que quiere decir con sus palabras y le ayudamos a precisar sus expresiones.

Allí he comprendido que la misión como comadrona de Lydia es dar soporte a las mujeres interviniendo lo mínimo posible en su parto.

Y yo como editora y asesora literaria, doy soporte a otros escritores, idealmente interviniendo lo mínimo, y les ayudo a parir sus textos asesorándoles y guiándoles en los momentos de bloqueo, planteando todas las dudas y cuestionando los puntos más débiles.

Aunque claro, en ambos casos, esto dependerá mucho de la manera de hacer que tenga la comadrona o la editora en cuestión.

Esta revelación solo es el despertar de una consciencia que ya existía. En la Antigua Grecia, Sócrates estableció un método para llegar a la verdad equivalente al trabajo que tantas veces vio realizar a su madre, que era comadrona . Dicho método se conoce por el nombre de mayéutica y consiste en dar a luz el conocimiento verdadero a través de preguntas que conducen al interlocutor a darse cuenta de sus propios errores, y encontrar su propia secuencia

de preguntas lógicas hasta llegar a una verdad irre-
futable[XVIII].

Me gustaría pues apostar profesionalmente por
un método basado en la *mayéutica de la edición y
la asesoría literaria*, tanto para mi propia escritura
como para la de aquellos que algún día requieran
mi ayuda.

BIBLIOGRAFÍA

I) Wikipedia, La enciclopedia Libre. Obstetricia. Última revisión: 7/11/2018. Consultado el 15/03/2020: https://es.wikipedia.org/wiki/Obstetricia

II) Blog Enfermería Avanzada. Entrada: Historia de las matronas desde sus orígenes hasta nuestros días. Publicado el 13/04/2013. Consultado el 15/03/2020: http://enfeps.blogspot.com/2013/04/historia-de-las-matronas-desde-sus.html

III) Cuando la matrona es un hombre. Diario de Ibiza. Publicado el 03/02/2017. Consultado el 15/03/2020: https://www.diariodeibiza.es/pitiuses-balears/2017/02/03/matrona-hombre/894253.html

IV) Cuando la comadrona es un hombre. Artículo 11/12/2008. Consultado el 15/03/2020: https://www.publico.es/actualidad/comadrona-hombre.html

V) The making of a male midwife. BBC Stories. Publicado el 6/10/2017. Consultado el 15/03/2020: https://www.bbc.com/news/magazine-41426691

VI) Definición del EIR, consultado el 15/03/2020: https://www.aulaeir.com/que-es-el-eir/

VII) Entrevista de ConSalud.es a Gloria Boal, vocal matrona del Consejo General de Enfermería (CGE). Publicado el 29/09/2018. Consultado el 15/03/2020. https://www.consalud.es/profesionales/enfermeria/eir-por-que-matrona-es-la-especialidad-de-enfermeria-favorita-de-los-residentes_55205_102.html

VIII) Una juez obliga a una mujer que quería parir en su casa a ingresar en el hospital. Publicado el 26/04/2019. Consultado el 07/03/2020: https://elpais.com/sociedad/2019/04/25/actualidad/1556195132_120618.html

IX) Tipus de partals centres hospitalaris del SISCAT - Any 2018. Consultado el 07/03/2020: https://www.donallum.org/blog/informe-cesaries-2018/

X) Criandofamilias, Medidas de Confort. Consultado el 15/03/2020 http://criandofamilias.info/parto/parto-ideal/medidas-de-alivios/

XI) Embarazo.onine, Las Fases Del Parto. Consultado el 23/03/2020 https://embarazo.online/parto/fases/

XII) Dilatación en bañera y parto en el agua. Consultado el 15/03/2020: http://daraluz.imedvalencia.com/dilatacion-banera-parto-en-agua/

XIII) Artículo publicado en la revista "Ser padres Hoy", nº 265, Mayo 1996. Fecha de consulta 21/03/2020 http://www.i-natacion.com/articulos/matronatacion/parto.html

XIV) Datos de la organización mundial de la salud. World Health Organization. European health Information Gateway: https://gateway.euro.who.int/en/indicators/hfa_16-0060-live-births-per-1000-population/visualizations/#id=18819

XV) Datos recopilados a partir de la encuesta de fecundidad de 2018 realizada por el Instituto Nacional de Estadística. Consultas realizadas el 15/03/2020. Mujeres embarazadas actualmente según nivel de estudios completado y edad: https://www.ine.es/jaxi/Datos.htm?path=/t20/p317/a2018/def/p01/e02/l0/&file=07001.px#!tabs-grafico

XVI) Huffpost. Por qué todas las madres deberíamos envidiar lo que pasa en el norte de Europa. Publicado el 17/09/2019. Consultado el 22/03/2020. https://www.huffingtonpost.es/entry/baja-por-maternidad-que-paises-se-preocupan-de-verdad-por-las-madres_es_5d56ab60e4b0d8840ff2168d

XVII) Blog Bebés y más, ¿Cuándo empiezan a ver los bebés? Consultado el 21/03/2020: https://www.bebesymas.com/recien-nacido/cuando-empiezan-a-ver-los-bebes

XVIII) Significados.com. Mayéutica. Fecha de actualización: 13/12/2019. Consultado el 15/03/2020 https://www.significados.com/mayeutica/

El País. Crónicas Sudacas. Consultado el 24/03/2020: https://elpais.com/elpais/2019/01/21/eps/1548080309_765649.html

Entre Periodistas, Comunidad para vivir el periodismo. 4 consejos para escribir una buena crónica. Consultado el 04/04/2020: http://www.entreperiodistas.com/4-consejos-escribir-una-buena-cronica/

Literup Portal de noticias. 5 consejos para elaborar las mejores crónicas literarias. Publicado el 9/12/2017. Consultado el 26/03/2020: https://blog.literup.com/5-consejos-elaborar-cronicas-literarias/

Periodismo narrativo en Latinoamérica. Un hombre está peleando con mi mami. Consultado el 15/03/2020 https://cronicasperiodisticas.wordpress.com/2009/06/20/un-hombre-esta-peleando-con-mi-mami/

PQS #LaVozdelosEmprendedores. Cinco crónicas y reportajes de Gabo que debes leer. Consultado 07/03/2020 https://www.pqs.pe/actualidad/noticias/cinco-cronicas-y-reportajes-de-gabo-que-debes-leer

Acciona tu web. Yo no conocí a Gary Provost (y me siento culpable por ello). Publicado el 9/11/2016. Consultado el 10/04/2020: http://accionatuweb.com/oficio-de-escribir-provost/

Carlos Salas (2017) Storytelling, la escritura mágica: Técnicas para ordenar las ideas, escribir con facilidad y hacer que te lean. Ed. Mirada Mágica SRL, Madrid.

Daniel Cassany (1993). La cuina de l'escriptura. Ed. La butxaca.

El Escritor Emprendedor. Episodio 29: cuestión de estilo. Consultado el 05/04/2020 https://escritoremprendedor.com/estilo-escribir/

El gato con gafas. El perfil del asesor literario. Consultado el 05/04/2020 https://historiasdondevivo.com/revista/2018/08/29/el-perfil-del-asesor-literario/

Go into the Story. 22 Story Basics from Pixar. Publicado el 23/06/2016. Consultado el 9/04/2020: https://gointothestory.blcklst.com/22-story-basics-from-pixar-82860e88245f

Leslie T. Sharpe, Irene Gunther (2005). Manual de edición literaria y no literaria. Ed. Fondo de Cultura Económica, México.

Literautas. Entrada: Las 22 reglas de la escritura según Pixar. Publicado el 8/04/2014. Consultado el 10/04/2020: https://www.literautas.com/es/blog/post-6965/las-22-reglas-de-la-escritura-segun-pixar/

Sinjania Formación para escritores. Cómo escribir descripciones perfectas. Consultado el 05/04/2020: https://www.sinjania.com/como-escribir-descripciones-perfectas/

La nube de palabras fue creada en la herramienta online Nube de Palabras: https://www.nubedepalabras.es/

Hoy una mujer que estaba de parto
me ha dicho una frase que no voy a olvidar nunca:
«Es una pena porque no sé ni qué cara tienes»
Y sí que lo es... No recordarán nuestra cara,
pero sí cómo les hicimos sentir.

Instagram: @marta.h89

Esta obra está dedicada a todas las profesionales de la salud al pie del cañón durante la crisis del covid-19.

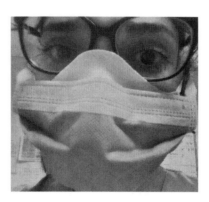

Printed in Great Britain
by Amazon

54472894R00054